This Book Belongs To:

_____

_____

Date:

Today's Verse:

_____
_____
_____
_____

Lord, Teach Me To:

_____
_____
_____
_____

I'd Like To Pray For:

_____   _____
_____   _____
_____   _____
_____   _____
_____   _____
_____   _____

I Am Thankful For:

_____   _____
_____   _____
_____   _____
_____   _____
_____   _____

Date:

Today's Verse:
_____
_____
_____
_____

Lord, Teach Me To:
_____
_____
_____
_____

I'd Like To Pray For:

_____   _____
_____   _____
_____   _____
_____   _____
_____   _____

I Am Thankful For:

_____   _____
_____   _____
_____   _____
_____   _____

Date:

Today's Verse:

_____
_____
_____
_____

Lord, Teach Me To:

_____
_____
_____
_____

I'd Like To Pray For:

_____   _____
_____   _____
_____   _____
_____   _____
_____   _____

I Am Thankful For:

_____   _____
_____   _____
_____   _____
_____   _____
_____   _____

Date:

Today's Verse:
_____
_____
_____
_____

Lord, Teach Me To:
_____
_____
_____
_____

I'd Like To Pray For:

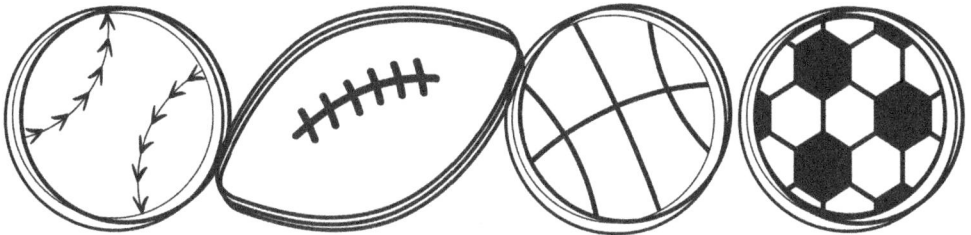

_____   _____
_____   _____
_____   _____
_____   _____
_____   _____
_____   _____

I Am Thankful For:

_____   _____
_____   _____
_____   _____
_____   _____
_____   _____

Date:

Today's Verse:
_____
_____
_____
_____

Lord, Teach Me To:
_____
_____
_____
_____
_____

I'd Like To Pray For:

_____   _____
_____   _____
_____   _____
_____   _____
_____   _____

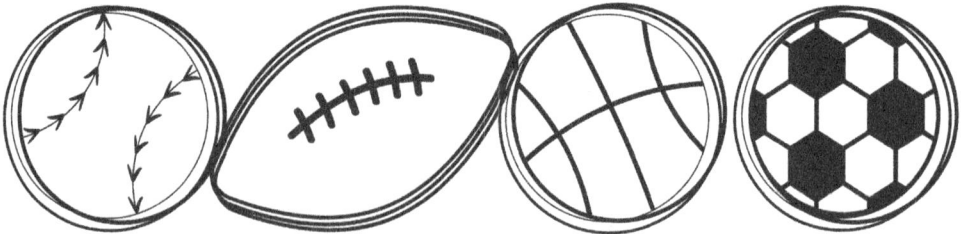

I Am Thankful For:

_____   _____
_____   _____
_____   _____
_____   _____
_____   _____

Date:

Today's Verse:
_____
_____
_____
_____

Lord, Teach Me To:
_____
_____
_____
_____

I'd Like To Pray For:

_____ _____
_____ _____
_____ _____
_____ _____
_____ _____
_____ _____

I Am Thankful For:

_____ _____
_____ _____
_____ _____
_____ _____

Date:

Today's Verse:

_____
_____
_____
_____

Lord, Teach Me To:

_____
_____
_____
_____

I'd Like To Pray For:

_____   _____
_____   _____
_____   _____
_____   _____
_____   _____
_____   _____

I Am Thankful For:

_____   _____
_____   _____
_____   _____
_____   _____
_____   _____

Today's Verse:

_____

_____

_____

_____

Lord, Teach Me To:

_____

_____

_____

_____

I'd Like To Pray For:

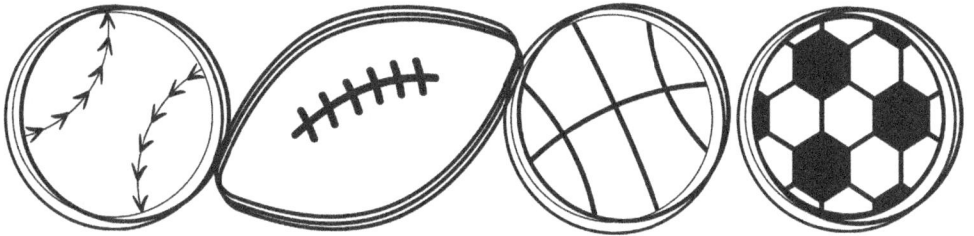

_____   _____

_____   _____

_____   _____

_____   _____

_____   _____

I Am Thankful For:

_____   _____

_____   _____

_____   _____

_____   _____

Date:

Today's Verse:
_____
_____
_____
_____

Lord, Teach Me To:
_____
_____
_____
_____

I'd Like To Pray For:

_____   _____
_____   _____
_____   _____
_____   _____
_____   _____

I Am Thankful For:

_____   _____
_____   _____
_____   _____
_____   _____

Date:

Today's Verse:

_____
_____
_____
_____

Lord, Teach Me To:

_____
_____
_____
_____

I'd Like To Pray For:

_____   _____
_____   _____
_____   _____
_____   _____
_____   _____
_____   _____

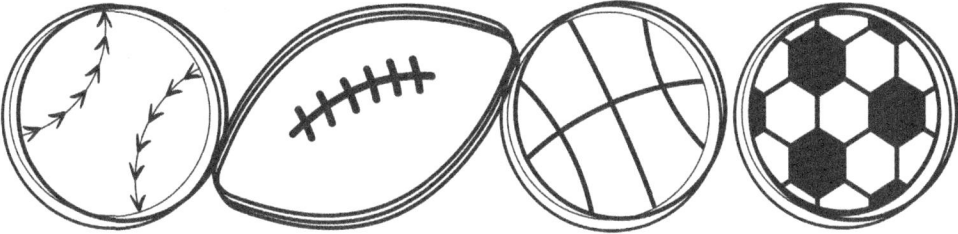

I Am Thankful For:

_____   _____
_____   _____
_____   _____
_____   _____
_____   _____

Date:

Today's Verse:
_____
_____
_____
_____

Lord, Teach Me To:
_____
_____
_____
_____

I'd Like To Pray For:

_____   _____
_____   _____
_____   _____
_____   _____
_____   _____

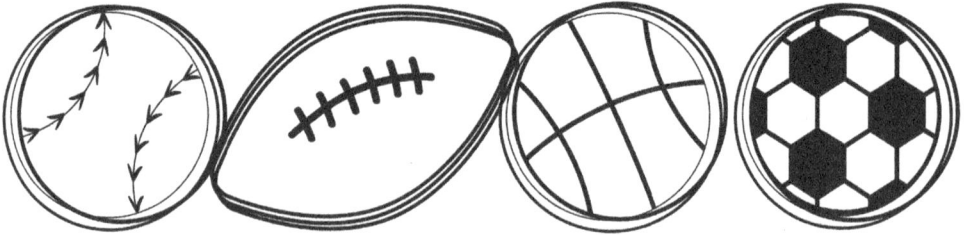

I Am Thankful For:

_____   _____
_____   _____
_____   _____
_____   _____

Date:

Today's Verse:
_____
_____
_____
_____

Lord, Teach Me To:
_____
_____
_____
_____

I'd Like To Pray For:
_____   _____
_____   _____
_____   _____
_____   _____
_____   _____

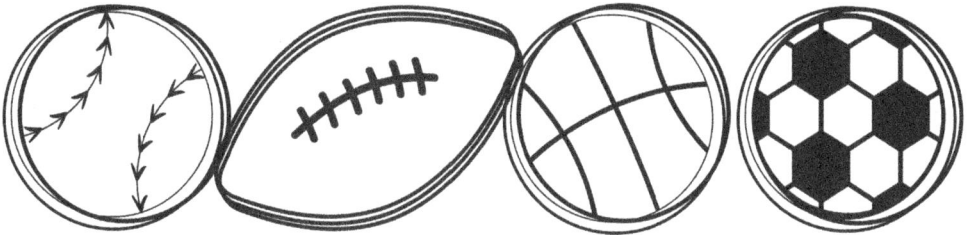

I Am Thankful For:
_____   _____
_____   _____
_____   _____
_____   _____

Date:

Today's Verse:

_____
_____
_____
_____

Lord, Teach Me To:

_____
_____
_____
_____

I'd Like To Pray For:

_____   _____
_____   _____
_____   _____
_____   _____
_____   _____

I Am Thankful For:

_____   _____
_____   _____
_____   _____
_____   _____
_____   _____

Date:

Today's Verse:
_____
_____
_____
_____

Lord, Teach Me To:
_____
_____
_____
_____

I'd Like To Pray For:

_____   _____
_____   _____
_____   _____
_____   _____
_____   _____

I Am Thankful For:

_____   _____
_____   _____
_____   _____
_____   _____

Date:

Today's Verse:

_____
_____
_____
_____

Lord, Teach Me To:

_____
_____
_____
_____

I'd Like To Pray For:

_____   _____
_____   _____
_____   _____
_____   _____
_____   _____
_____   _____

I Am Thankful For:

_____   _____
_____   _____
_____   _____
_____   _____
_____   _____

Date:

Today's Verse:

_____
_____
_____
_____

Lord, Teach Me To:

_____
_____
_____
_____

I'd Like To Pray For:

_____   _____
_____   _____
_____   _____
_____   _____
_____   _____

I Am Thankful For:

_____   _____
_____   _____
_____   _____
_____   _____

Date:

Today's Verse:
_____
_____
_____
_____

Lord, Teach Me To:
_____
_____
_____
_____

I'd Like To Pray For:

_____   _____
_____   _____
_____   _____
_____   _____
_____   _____
_____   _____

I Am Thankful For:

_____   _____
_____   _____
_____   _____
_____   _____

Date:

Today's Verse:
_____
_____
_____
_____

Lord, Teach Me To:
_____
_____
_____
_____

I'd Like To Pray For:
_____   _____
_____   _____
_____   _____
_____   _____
_____   _____
_____

I Am Thankful For:
_____   _____
_____   _____
_____   _____
_____   _____

Date:

Today's Verse:

_____
_____
_____
_____

Lord, Teach Me To:

_____
_____
_____
_____

I'd Like To Pray For:

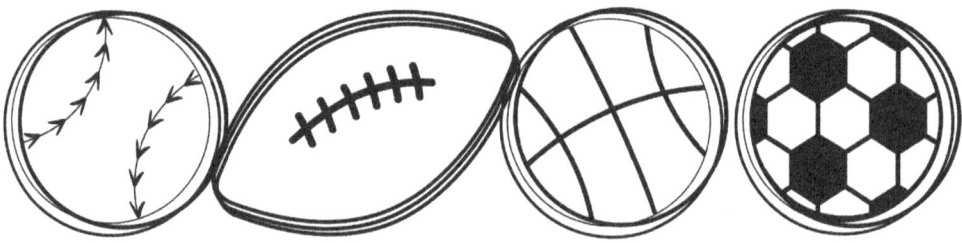

_____   _____
_____   _____
_____   _____
_____   _____
_____   _____
_____   _____

I Am Thankful For:

_____   _____
_____   _____
_____   _____
_____   _____

Today's Verse:

_____
_____
_____
_____

Lord, Teach Me To:

_____
_____
_____
_____

I'd Like To Pray For:

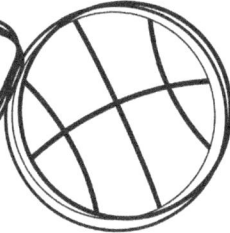

_____   _____
_____   _____
_____   _____
_____   _____
_____   _____

I Am Thankful For:

_____   _____
_____   _____
_____   _____
_____   _____

Date:

Today's Verse:

_____
_____
_____
_____

Lord, Teach Me To:

_____
_____
_____
_____

I'd Like To Pray For:

_____   _____
_____   _____
_____   _____
_____   _____
_____   _____
_____

I Am Thankful For:

_____   _____
_____   _____
_____   _____
_____   _____
_____   _____

Date:

Today's Verse:

_____
_____
_____
_____

Lord, Teach Me To:

_____
_____
_____
_____

I'd Like To Pray For:

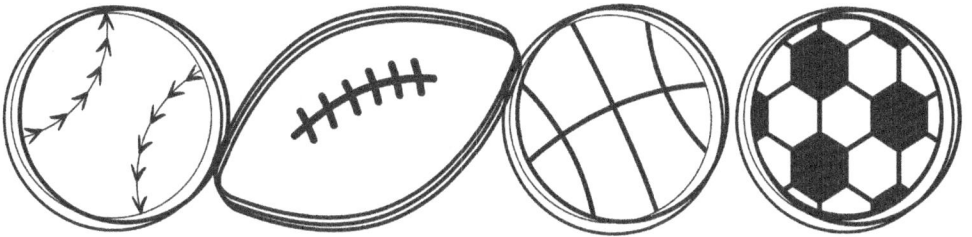

_____   _____
_____   _____
_____   _____
_____   _____
_____   _____
_____

I Am Thankful For:

_____   _____
_____   _____
_____   _____
_____   _____
_____   _____

Date:

Today's Verse:
_____
_____
_____
_____

Lord, Teach Me To:
_____
_____
_____
_____

I'd Like To Pray For:

_____   _____
_____   _____
_____   _____
_____   _____
_____   _____
_____   _____

I Am Thankful For:

_____   _____
_____   _____
_____   _____
_____   _____
_____   _____

Date:

Today's Verse:
_____
_____
_____
_____

Lord, Teach Me To:
_____
_____
_____
_____

I'd Like To Pray For:

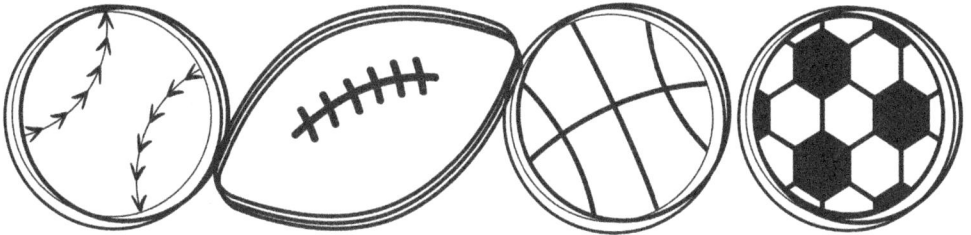

_____   _____
_____   _____
_____   _____
_____   _____
_____   _____
_____   _____

I Am Thankful For:

_____   _____
_____   _____
_____   _____
_____   _____
_____   _____

Date:

Today's Verse:

_____
_____
_____
_____

Lord, Teach Me To:

_____
_____
_____
_____

I'd Like To Pray For:

_____   _____
_____   _____
_____   _____
_____   _____
_____   _____
_____   _____

I Am Thankful For:

_____   _____
_____   _____
_____   _____
_____   _____
_____   _____

Date:

Today's Verse:

_____
_____
_____
_____

Lord, Teach Me To:

_____
_____
_____
_____

I'd Like To Pray For:

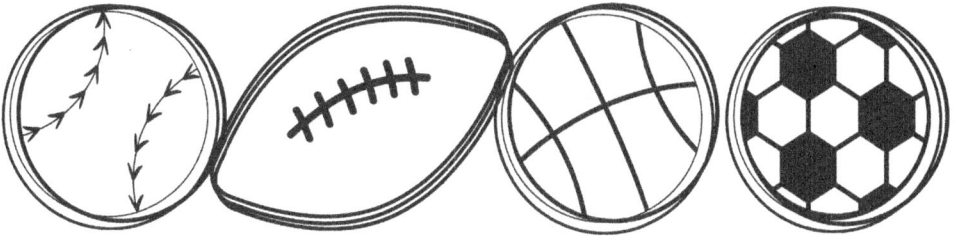

_____   _____
_____   _____
_____   _____
_____   _____
_____   _____

I Am Thankful For:

_____   _____
_____   _____
_____   _____
_____   _____
_____   _____

Date:

Today's Verse:

_____
_____
_____
_____

Lord, Teach Me To:

_____
_____
_____
_____

I'd Like To Pray For:

_____   _____
_____   _____
_____   _____
_____   _____
_____   _____
_____   _____

I Am Thankful For:

_____   _____
_____   _____
_____   _____
_____   _____
_____   _____

Date:

Today's Verse:

_____
_____
_____
_____

Lord, Teach Me To:

_____
_____
_____
_____

I'd Like To Pray For:

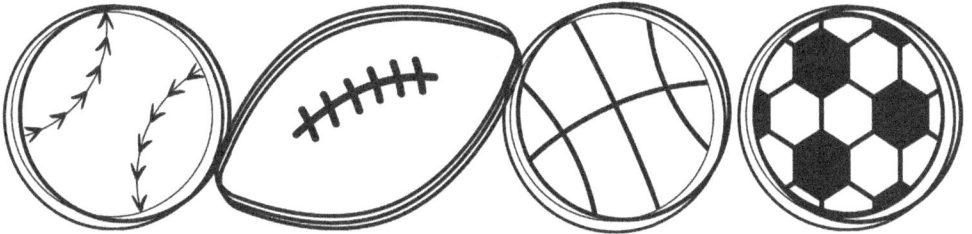

_____   _____
_____   _____
_____   _____
_____   _____
_____   _____
_____   _____

I Am Thankful For:

_____   _____
_____   _____
_____   _____
_____   _____
_____   _____

Date:

Today's Verse:

_____
_____
_____
_____

Lord, Teach Me To:

_____
_____
_____
_____

I'd Like To Pray For:

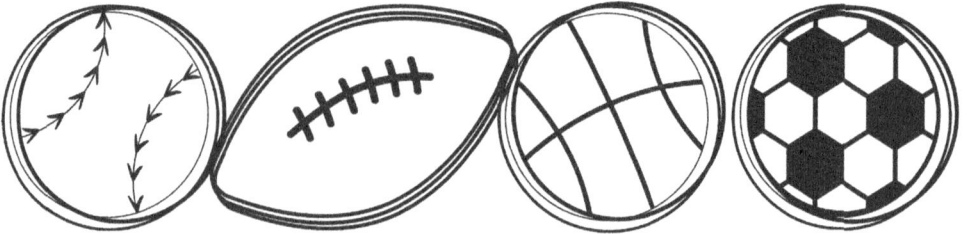

_____   _____
_____   _____
_____   _____
_____   _____
_____   _____
_____   _____

I Am Thankful For:

_____   _____
_____   _____
_____   _____
_____   _____
_____   _____

Today's Verse:

_____
_____
_____
_____

Lord, Teach Me To:

_____
_____
_____
_____

I'd Like To Pray For:

_____   _____
_____   _____
_____   _____
_____   _____
_____   _____

I Am Thankful For:

_____   _____
_____   _____
_____   _____
_____   _____
_____   _____

Date:

Today's Verse:

_____
_____
_____
_____

Lord, Teach Me To:

_____
_____
_____
_____

I'd Like To Pray For:

_____ _____
_____ _____
_____ _____
_____ _____
_____ _____

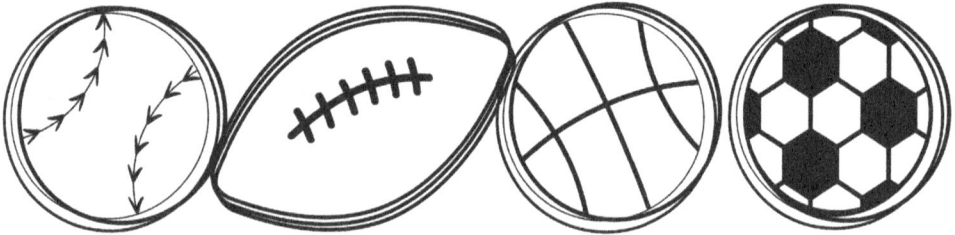

I Am Thankful For:

_____ _____
_____ _____
_____ _____
_____ _____

Date:

Today's Verse:

_____

_____

_____

_____

Lord, Teach Me To:

_____

_____

_____

_____

I'd Like To Pray For:

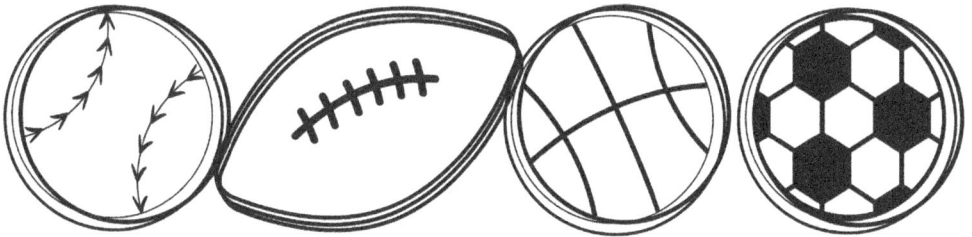

_____ _____

_____ _____

_____ _____

_____ _____

_____ _____

I Am Thankful For:

_____ _____

_____ _____

_____ _____

_____ _____

_____ _____

Date:

Today's Verse:

_____
_____
_____
_____

Lord, Teach Me To:

_____
_____
_____
_____

I'd Like To Pray For:

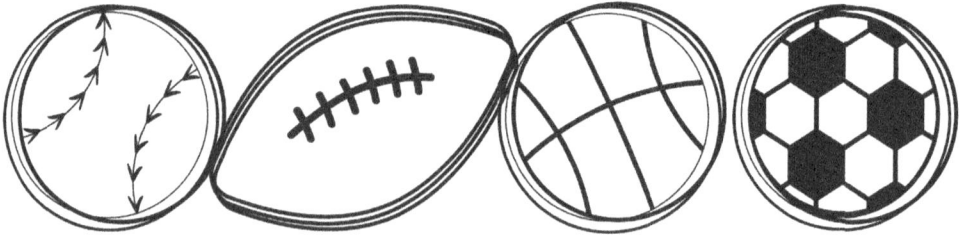

_____   _____
_____   _____
_____   _____
_____   _____
_____   _____
_____   _____

I Am Thankful For:

_____   _____
_____   _____
_____   _____
_____   _____
_____   _____

Date:

Today's Verse:
_____
_____
_____
_____

Lord, Teach Me To:
_____
_____
_____
_____

I'd Like To Pray For:

_____   _____
_____   _____
_____   _____
_____   _____
_____   _____
_____   _____

I Am Thankful For:

_____   _____
_____   _____
_____   _____
_____   _____
_____   _____

Today's Verse:

_____

_____

_____

_____

Lord, Teach Me To:

_____

_____

_____

_____

I'd Like To Pray For:

_____ _____

_____ _____

_____ _____

_____ _____

_____ _____

_____ _____

I Am Thankful For:

_____ _____

_____ _____

_____ _____

_____ _____

_____ _____

Today's Verse:

_____
_____
_____
_____

Lord, Teach Me To:

_____
_____
_____
_____

I'd Like To Pray For:

_____   _____
_____   _____
_____   _____
_____   _____
_____   _____
_____   _____

I Am Thankful For:

_____   _____
_____   _____
_____   _____
_____   _____
_____   _____

Date:

Today's Verse:

_____
_____
_____
_____

Lord, Teach Me To:

_____
_____
_____
_____

I'd Like To Pray For:

_____   _____
_____   _____
_____   _____
_____   _____
_____   _____
_____   _____

I Am Thankful For:

_____   _____
_____   _____
_____   _____
_____   _____
_____   _____

Date:

Today's Verse:

_____
_____
_____
_____

Lord, Teach Me To:

_____
_____
_____
_____

I'd Like To Pray For:

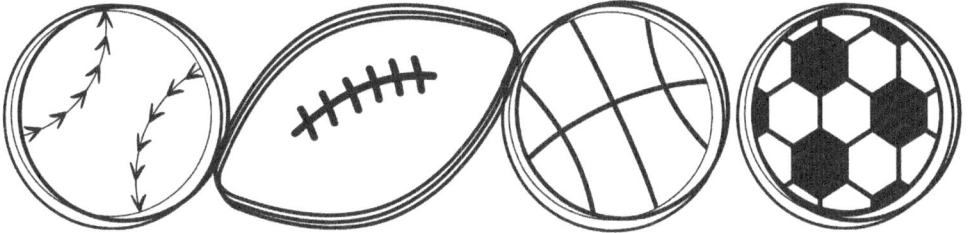

_____   _____
_____   _____
_____   _____
_____   _____
_____   _____
_____   _____

I Am Thankful For:

_____   _____
_____   _____
_____   _____
_____   _____
_____   _____

Date:

Today's Verse:
_____
_____
_____
_____

Lord, Teach Me To:
_____
_____
_____
_____

I'd Like To Pray For:
_____   _____
_____   _____
_____   _____
_____   _____
_____   _____
_____   _____

I Am Thankful For:
_____   _____
_____   _____
_____   _____
_____   _____
_____   _____

Date:

Today's Verse:

_____
_____
_____
_____

Lord, Teach Me To:

_____
_____
_____
_____

I'd Like To Pray For:

_____   _____
_____   _____
_____   _____
_____   _____
_____   _____

I Am Thankful For:

_____   _____
_____   _____
_____   _____
_____   _____
_____   _____

Date:

Today's Verse:
_____
_____
_____
_____

Lord, Teach Me To:
_____
_____
_____
_____
_____

I'd Like To Pray For:

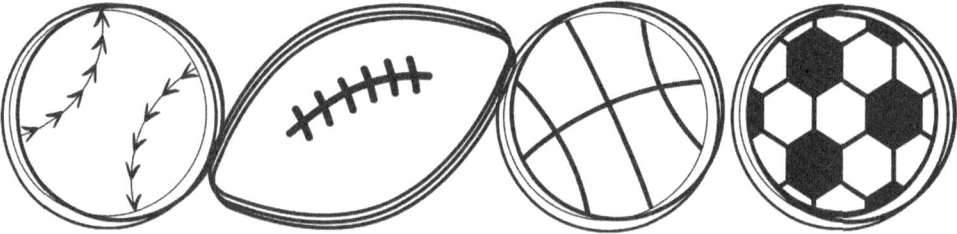

_____   _____
_____   _____
_____   _____
_____   _____
_____   _____
_____   _____

I Am Thankful For:

_____   _____
_____   _____
_____   _____
_____   _____
_____   _____

Date:

Today's Verse:
_____
_____
_____
_____

Lord, Teach Me To:
_____
_____
_____
_____

I'd Like To Pray For:
_____   _____
_____   _____
_____   _____
_____   _____
_____   _____

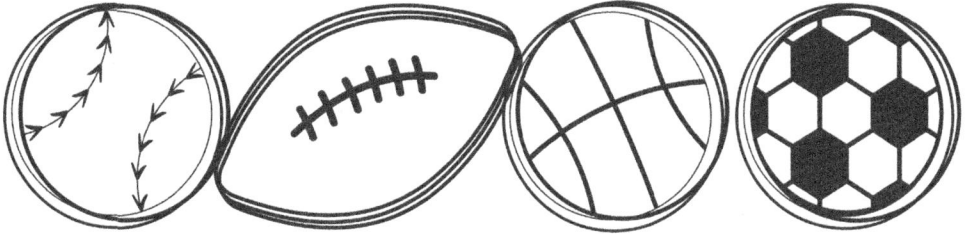

I Am Thankful For:
_____   _____
_____   _____
_____   _____
_____   _____

Date:

Today's Verse:
_____
_____
_____
_____

Lord, Teach Me To:
_____
_____
_____
_____

I'd Like To Pray For:

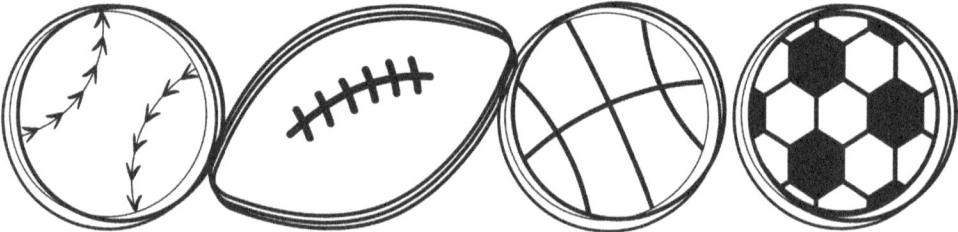

_____   _____
_____   _____
_____   _____
_____   _____
_____   _____
_____   _____

I Am Thankful For:

_____   _____
_____   _____
_____   _____
_____   _____
_____   _____

Date:

Today's Verse:

_____
_____
_____
_____

Lord, Teach Me To:

_____
_____
_____
_____

I'd Like To Pray For:

_____   _____
_____   _____
_____   _____
_____   _____
_____   _____
_____   _____

I Am Thankful For:

_____   _____
_____   _____
_____   _____
_____   _____

Date:

Today's Verse:

_____
_____
_____
_____

Lord, Teach Me To:

_____
_____
_____
_____

I'd Like To Pray For:

_____   _____
_____   _____
_____   _____
_____   _____
_____   _____
_____   _____

I Am Thankful For:

_____   _____
_____   _____
_____   _____
_____   _____
_____   _____

Today's Verse:

_____
_____
_____
_____

Lord, Teach Me To:

_____
_____
_____
_____

I'd Like To Pray For:

_____   _____
_____   _____
_____   _____
_____   _____
_____   _____

I Am Thankful For:

_____   _____
_____   _____
_____   _____
_____   _____
_____   _____

Today's Verse:

_____
_____
_____
_____

Lord, Teach Me To:

_____
_____
_____
_____

I'd Like To Pray For:

_____   _____
_____   _____
_____   _____
_____   _____
_____   _____

I Am Thankful For:

_____   _____
_____   _____
_____   _____
_____   _____
_____   _____

Date:

Today's Verse:

_____
_____
_____
_____

Lord, Teach Me To:

_____
_____
_____
_____

I'd Like To Pray For:

_____   _____
_____   _____
_____   _____
_____   _____
_____   _____
_____   _____

I Am Thankful For:

_____   _____
_____   _____
_____   _____
_____   _____
_____   _____

Date:

Today's Verse:
_____
_____
_____
_____

Lord, Teach Me To:
_____
_____
_____
_____

I'd Like To Pray For:
_____   _____
_____   _____
_____   _____
_____   _____
_____   _____

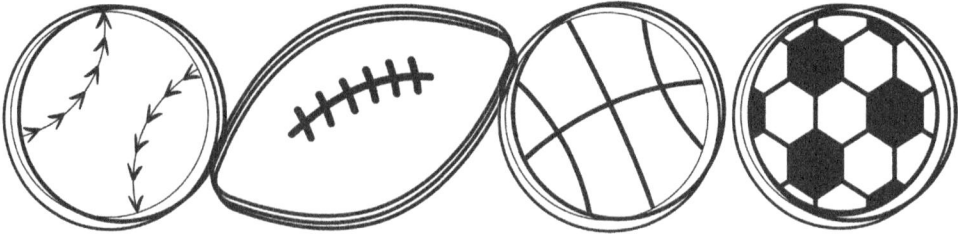

I Am Thankful For:
_____   _____
_____   _____
_____   _____
_____   _____

Date:

Today's Verse:
_____
_____
_____
_____

Lord, Teach Me To:
_____
_____
_____
_____

I'd Like To Pray For:

_____   _____
_____   _____
_____   _____
_____   _____
_____   _____
_____   _____

I Am Thankful For:

_____   _____
_____   _____
_____   _____
_____   _____
_____   _____

Date:

Today's Verse:
_____
_____
_____
_____

Lord, Teach Me To:
_____
_____
_____
_____

I'd Like To Pray For:
_____ _____
_____ _____
_____ _____
_____ _____
_____ _____
_____ _____

I Am Thankful For:
_____ _____
_____ _____
_____ _____
_____ _____
_____ _____

Today's Verse:

_____
_____
_____
_____

Lord, Teach Me To:

_____
_____
_____
_____

I'd Like To Pray For:

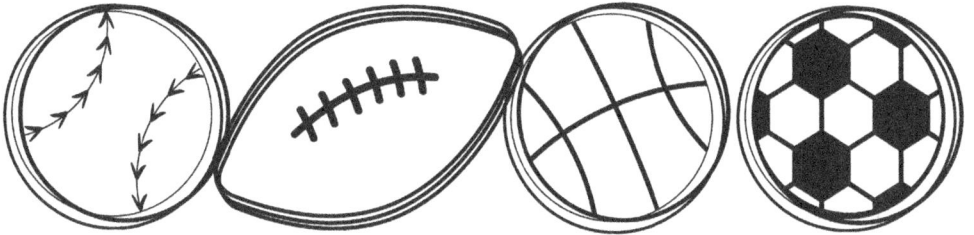

_____   _____
_____   _____
_____   _____
_____   _____
_____   _____
_____   _____

I Am Thankful For:

_____   _____
_____   _____
_____   _____
_____   _____
_____   _____

Today's Verse:

_____

_____

_____

_____

Lord, Teach Me To:

_____

_____

_____

_____

I'd Like To Pray For:

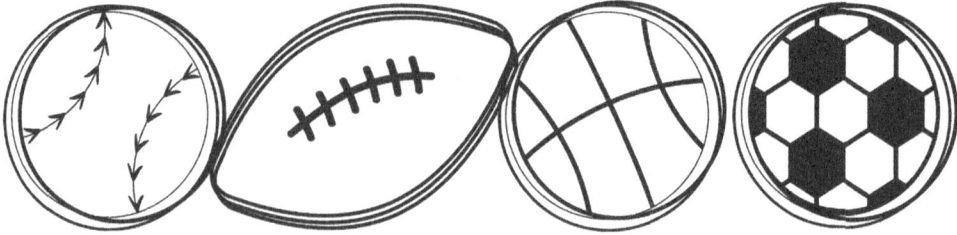

_____   _____

_____   _____

_____   _____

_____   _____

_____   _____

_____   _____

I Am Thankful For:

_____   _____

_____   _____

_____   _____

_____   _____

_____   _____

Date:

Today's Verse:

_____
_____
_____
_____

Lord, Teach Me To:

_____
_____
_____
_____

I'd Like To Pray For:

_____   _____
_____   _____
_____   _____
_____   _____
_____   _____

I Am Thankful For:

_____   _____
_____   _____
_____   _____
_____   _____
_____   _____

Date:

Today's Verse:

_____
_____
_____
_____

Lord, Teach Me To:

_____
_____
_____
_____

I'd Like To Pray For:

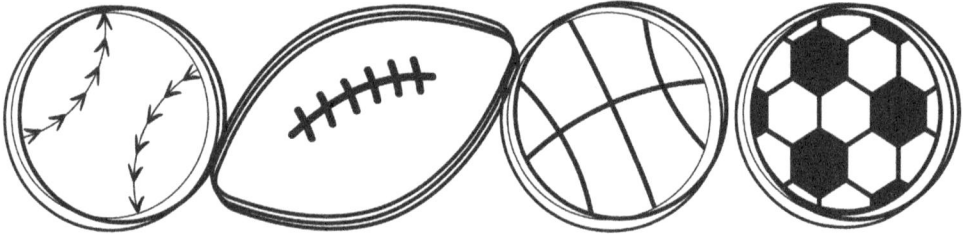

_____   _____
_____   _____
_____   _____
_____   _____
_____   _____

I Am Thankful For:

_____   _____
_____   _____
_____   _____
_____   _____

Date:

Today's Verse:

_____
_____
_____
_____

Lord, Teach Me To:

_____
_____
_____
_____

I'd Like To Pray For:

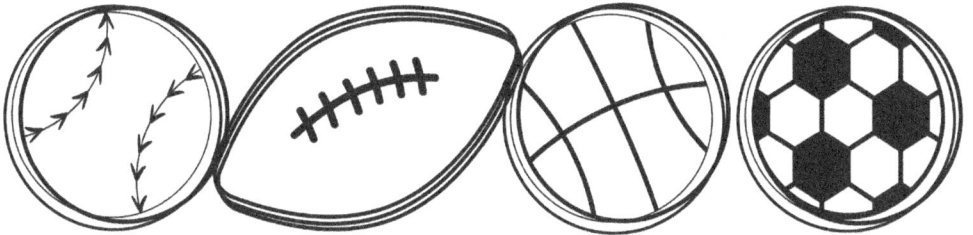

_____   _____
_____   _____
_____   _____
_____   _____
_____   _____

I Am Thankful For:

_____   _____
_____   _____
_____   _____
_____   _____

Date:

Today's Verse:
_____
_____
_____
_____

Lord, Teach Me To:
_____
_____
_____
_____

I'd Like To Pray For:

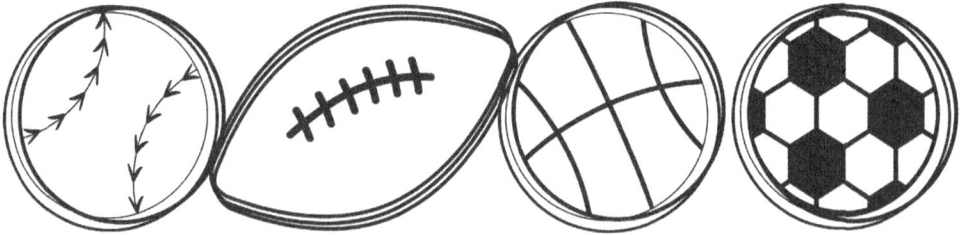

_____   _____
_____   _____
_____   _____
_____   _____
_____   _____
_____   _____

I Am Thankful For:

_____   _____
_____   _____
_____   _____
_____   _____

Date:

Today's Verse:
_____
_____
_____
_____

Lord, Teach Me To:
_____
_____
_____
_____

I'd Like To Pray For:
_____   _____
_____   _____
_____   _____
_____   _____
_____   _____
_____

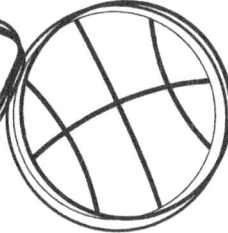

I Am Thankful For:
_____   _____
_____   _____
_____   _____
_____   _____

Date:

Today's Verse:

_____
_____
_____
_____

Lord, Teach Me To:

_____
_____
_____
_____

I'd Like To Pray For:

_____   _____
_____   _____
_____   _____
_____   _____
_____   _____
_____   _____

I Am Thankful For:

_____   _____
_____   _____
_____   _____
_____   _____
_____   _____
_____   _____

Date:

Today's Verse:

_____
_____
_____
_____

Lord, Teach Me To:

_____
_____
_____
_____

I'd Like To Pray For:

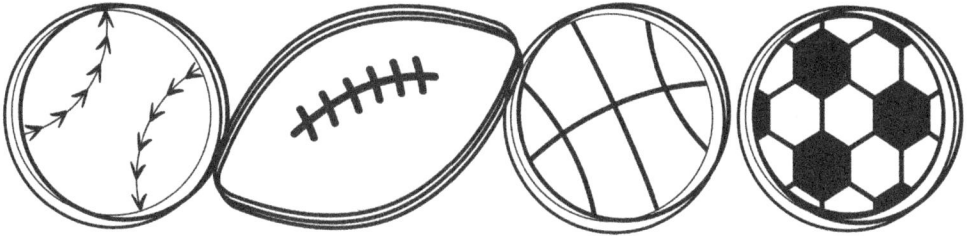

_____   _____
_____   _____
_____   _____
_____   _____
_____   _____
_____   _____

I Am Thankful For:

_____   _____
_____   _____
_____   _____
_____   _____

Date:

Today's Verse:

_____
_____
_____
_____

Lord, Teach Me To:

_____
_____
_____
_____

I'd Like To Pray For:

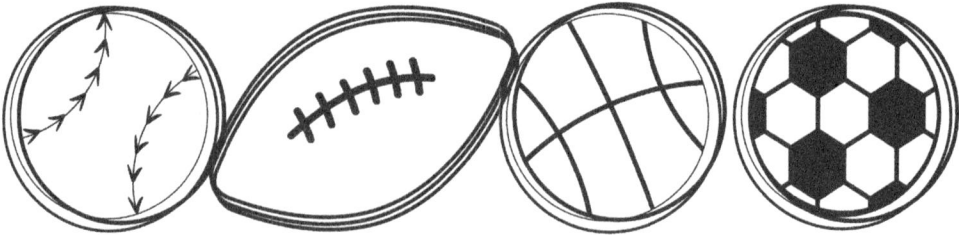

_____ _____
_____ _____
_____ _____
_____ _____
_____ _____

I Am Thankful For:

_____ _____
_____ _____
_____ _____
_____ _____

Date:

Today's Verse:

_____
_____
_____
_____

Lord, Teach Me To:

_____
_____
_____
_____

I'd Like To Pray For:

_____   _____
_____   _____
_____   _____
_____   _____
_____   _____
_____   _____

I Am Thankful For:

_____   _____
_____   _____
_____   _____
_____   _____
_____   _____

Date:

Today's Verse:
_____
_____
_____
_____

Lord, Teach Me To:
_____
_____
_____
_____

I'd Like To Pray For:

_____   _____
_____   _____
_____   _____
_____   _____
_____   _____

I Am Thankful For:

_____   _____
_____   _____
_____   _____
_____   _____
_____   _____

Date:

Today's Verse:

_____
_____
_____
_____

Lord, Teach Me To:

_____
_____
_____
_____

I'd Like To Pray For:

_____   _____
_____   _____
_____   _____
_____   _____
_____   _____
_____   _____

I Am Thankful For:

_____   _____
_____   _____
_____   _____
_____   _____
_____   _____

Today's Verse:

_____
_____
_____
_____

Lord, Teach Me To:

_____
_____
_____
_____

I'd Like To Pray For:

_____   _____
_____   _____
_____   _____
_____   _____
_____   _____
_____   _____

I Am Thankful For:

_____   _____
_____   _____
_____   _____
_____   _____
_____   _____

Today's Verse:

_____
_____
_____
_____

Lord, Teach Me To:

_____
_____
_____
_____

I'd Like To Pray For:

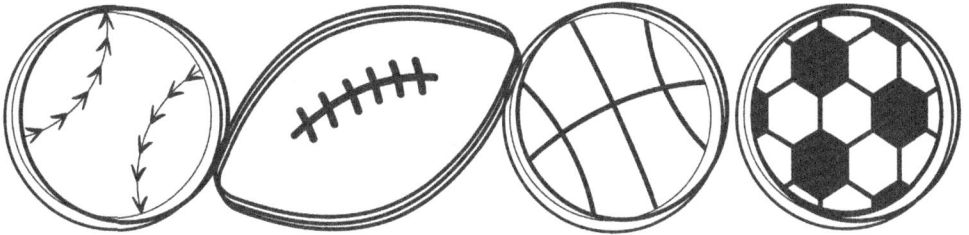

_____   _____
_____   _____
_____   _____
_____   _____
_____   _____

I Am Thankful For:

_____   _____
_____   _____
_____   _____
_____   _____
_____   _____

Date:

Today's Verse:
_____
_____
_____
_____

Lord, Teach Me To:
_____
_____
_____
_____

I'd Like To Pray For:

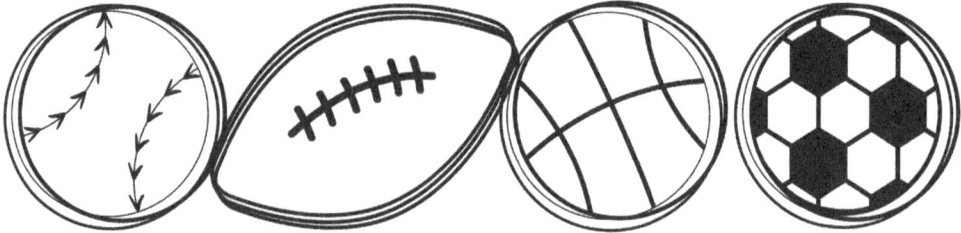

_____   _____
_____   _____
_____   _____
_____   _____
_____   _____

I Am Thankful For:

_____   _____
_____   _____
_____   _____
_____   _____
_____   _____

Date:

Today's Verse:

_____
_____
_____
_____

Lord, Teach Me To:

_____
_____
_____
_____

I'd Like To Pray For:

_____   _____
_____   _____
_____   _____
_____   _____
_____   _____

I Am Thankful For:

_____   _____
_____   _____
_____   _____
_____   _____

Date:

Today's Verse:
_____
_____
_____
_____

Lord, Teach Me To:
_____
_____
_____
_____

I'd Like To Pray For:

_____ _____
_____ _____
_____ _____
_____ _____
_____ _____
_____ _____

I Am Thankful For:

_____ _____
_____ _____
_____ _____
_____ _____

Date:

Today's Verse:

_____
_____
_____
_____

Lord, Teach Me To:

_____
_____
_____
_____

I'd Like To Pray For:

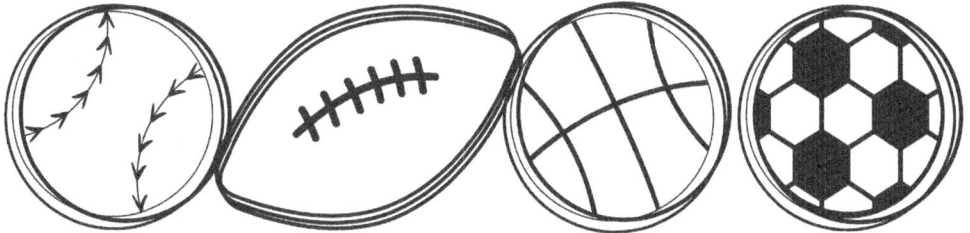

_____   _____
_____   _____
_____   _____
_____   _____
_____   _____

I Am Thankful For:

_____   _____
_____   _____
_____   _____
_____   _____

Date:

Today's Verse:

_____
_____
_____
_____

Lord, Teach Me To:

_____
_____
_____
_____

I'd Like To Pray For:

_____   _____
_____   _____
_____   _____
_____   _____
_____   _____

I Am Thankful For:

_____   _____
_____   _____
_____   _____
_____   _____

Date:

Today's Verse:

_____
_____
_____
_____

Lord, Teach Me To:

_____
_____
_____
_____

I'd Like To Pray For:

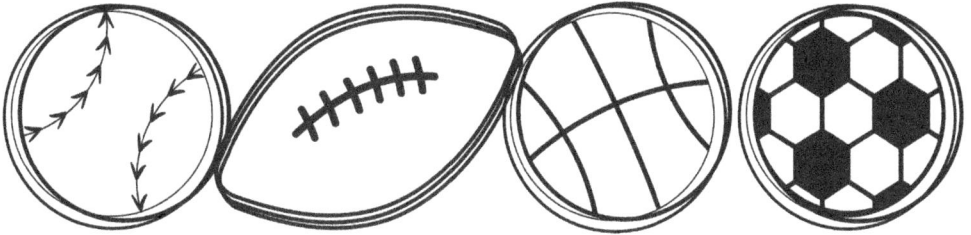

_____   _____
_____   _____
_____   _____
_____   _____
_____   _____
_____   _____

I Am Thankful For:

_____   _____
_____   _____
_____   _____
_____   _____
_____   _____

Date:

Today's Verse:

_____
_____
_____
_____

Lord, Teach Me To:

_____
_____
_____
_____

I'd Like To Pray For:

_____   _____
_____   _____
_____   _____
_____   _____
_____   _____
_____   _____

I Am Thankful For:

_____   _____
_____   _____
_____   _____
_____   _____
_____   _____

Date:

Today's Verse:

_____
_____
_____
_____

Lord, Teach Me To:

_____
_____
_____
_____

I'd Like To Pray For:

_____   _____
_____   _____
_____   _____
_____   _____
_____   _____

I Am Thankful For:

_____   _____
_____   _____
_____   _____
_____   _____
_____   _____

Date:

Today's Verse:

_____
_____
_____
_____

Lord, Teach Me To:

_____
_____
_____
_____
_____

I'd Like To Pray For:

_____
_____
_____
_____
_____
_____

_____
_____
_____
_____
_____

I Am Thankful For:

_____
_____
_____
_____
_____
_____

_____
_____
_____
_____
_____

Date:

Today's Verse:

_____
_____
_____
_____

Lord, Teach Me To:

_____
_____
_____
_____

I'd Like To Pray For:

_____   _____
_____   _____
_____   _____
_____   _____
_____   _____

I Am Thankful For:

_____   _____
_____   _____
_____   _____
_____   _____
_____   _____

Date:

Today's Verse:
_____
_____
_____
_____

Lord, Teach Me To:
_____
_____
_____
_____

I'd Like To Pray For:

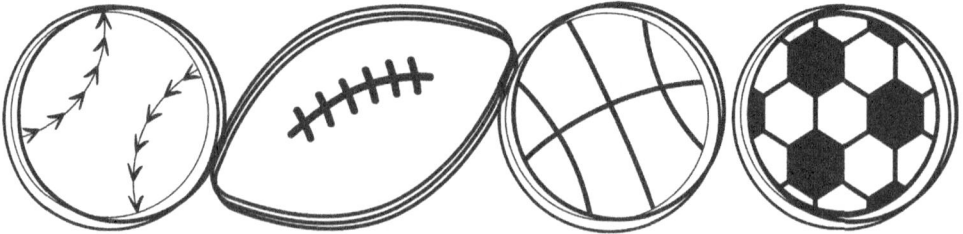

_____ _____
_____ _____
_____ _____
_____ _____
_____ _____

I Am Thankful For:

_____ _____
_____ _____
_____ _____
_____ _____

Date:

Today's Verse:

_____
_____
_____
_____

Lord, Teach Me To:

_____
_____
_____
_____

I'd Like To Pray For:

_____   _____
_____   _____
_____   _____
_____   _____
_____   _____

I Am Thankful For:

_____   _____
_____   _____
_____   _____
_____   _____

Date:

Today's Verse:

_____
_____
_____
_____

Lord, Teach Me To:

_____
_____
_____
_____

I'd Like To Pray For:

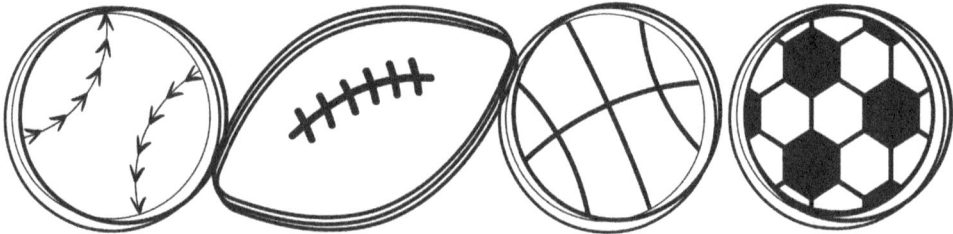

_____   _____
_____   _____
_____   _____
_____   _____
_____   _____

I Am Thankful For:

_____   _____
_____   _____
_____   _____
_____   _____

Date:

Today's Verse:
_____
_____
_____
_____

Lord, Teach Me To:
_____
_____
_____
_____

I'd Like To Pray For:
_____   _____
_____   _____
_____   _____
_____   _____
_____   _____
_____   _____

I Am Thankful For:
_____   _____
_____   _____
_____   _____
_____   _____
_____   _____

Date:

Today's Verse:

_____
_____
_____
_____

Lord, Teach Me To:

_____
_____
_____
_____

I'd Like To Pray For:

_____   _____
_____   _____
_____   _____
_____   _____
_____   _____
_____   _____

I Am Thankful For:

_____   _____
_____   _____
_____   _____
_____   _____
_____   _____

Date:

Today's Verse:
_____
_____
_____
_____

Lord, Teach Me To:
_____
_____
_____
_____

I'd Like To Pray For:

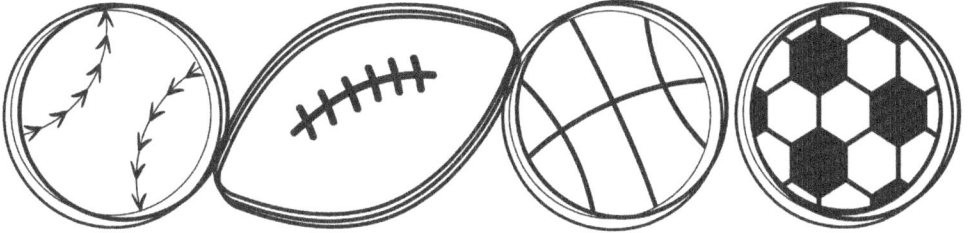

_____
_____
_____
_____
_____
_____

_____
_____
_____
_____
_____
_____

I Am Thankful For:

_____
_____
_____
_____
_____

_____
_____
_____
_____
_____

Today's Verse:

_____
_____
_____
_____

Lord, Teach Me To:

_____
_____
_____
_____

I'd Like To Pray For:

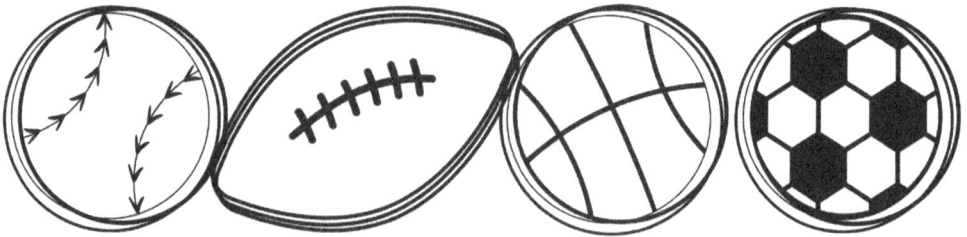

_____   _____
_____   _____
_____   _____
_____   _____
_____   _____

I Am Thankful For:

_____   _____
_____   _____
_____   _____
_____   _____

Date:

Today's Verse:

_____
_____
_____
_____

Lord, Teach Me To:

_____
_____
_____
_____

I'd Like To Pray For:

_____   _____
_____   _____
_____   _____
_____   _____
_____   _____
_____   _____

I Am Thankful For:

_____   _____
_____   _____
_____   _____
_____   _____
_____   _____

Date:

Today's Verse:
_____
_____
_____
_____

Lord, Teach Me To:
_____
_____
_____
_____

I'd Like To Pray For:

_____   _____
_____   _____
_____   _____
_____   _____
_____   _____

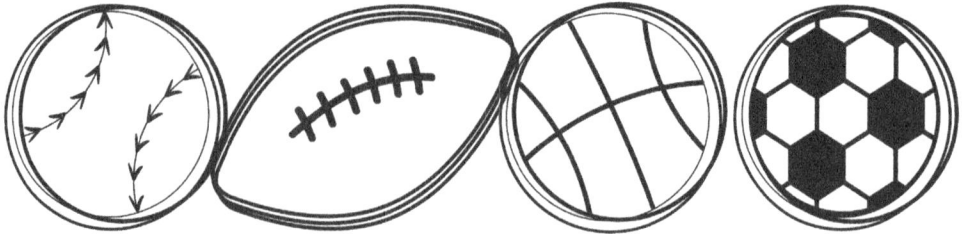

I Am Thankful For:

_____   _____
_____   _____
_____   _____
_____   _____
_____   _____

Date:

Today's Verse:

_____
_____
_____
_____

Lord, Teach Me To:

_____
_____
_____
_____

I'd Like To Pray For:

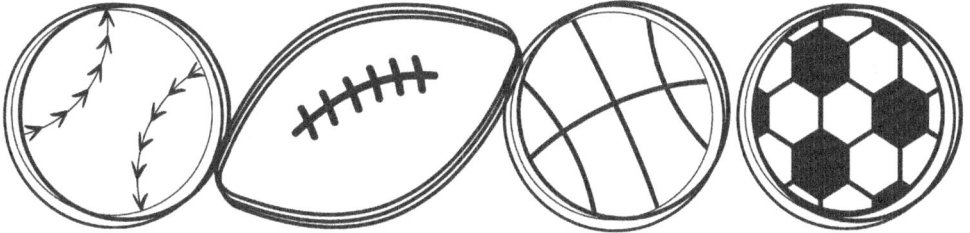

_____   _____
_____   _____
_____   _____
_____   _____
_____   _____

I Am Thankful For:

_____   _____
_____   _____
_____   _____
_____   _____
_____   _____

Date:

Today's Verse:

_____
_____
_____
_____

Lord, Teach Me To:

_____
_____
_____
_____

I'd Like To Pray For:

_____ _____
_____ _____
_____ _____
_____ _____
_____ _____
_____ _____

I Am Thankful For:

_____ _____
_____ _____
_____ _____
_____ _____
_____ _____

Date:

Today's Verse:

_____

_____

_____

_____

Lord, Teach Me To:

_____

_____

_____

_____

I'd Like To Pray For:

_____ _____

_____ _____

_____ _____

_____ _____

_____ _____

_____ _____

I Am Thankful For:

_____ _____

_____ _____

_____ _____

_____ _____

_____ _____

Date:

Today's Verse:
_____
_____
_____
_____

Lord, Teach Me To:
_____
_____
_____
_____

I'd Like To Pray For:

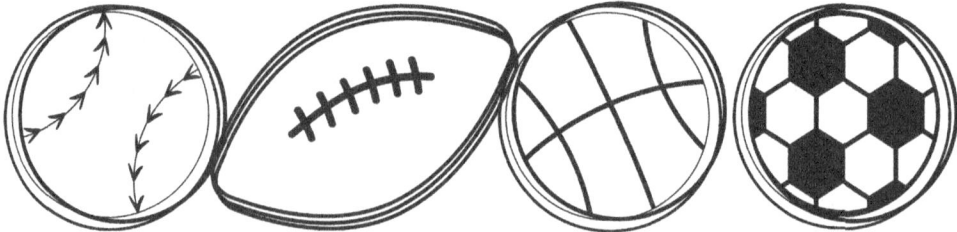

_____ _____
_____ _____
_____ _____
_____ _____
_____ _____
_____ _____

I Am Thankful For:

_____ _____
_____ _____
_____ _____
_____ _____

Today's Verse:

_____
_____
_____
_____

Lord, Teach Me To:

_____
_____
_____
_____

I'd Like To Pray For:

_____   _____
_____   _____
_____   _____
_____   _____
_____   _____

I Am Thankful For:

_____   _____
_____   _____
_____   _____
_____   _____

Date:

Today's Verse:

_____
_____
_____
_____

Lord, Teach Me To:

_____
_____
_____
_____

I'd Like To Pray For:

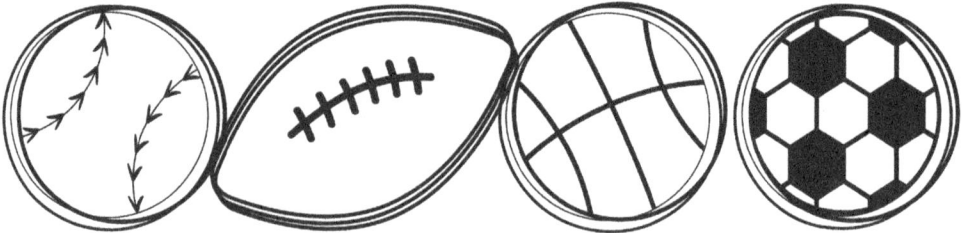

_____   _____
_____   _____
_____   _____
_____   _____
_____   _____

I Am Thankful For:

_____   _____
_____   _____
_____   _____
_____   _____
_____   _____

Date:

Today's Verse:

_____
_____
_____
_____

Lord, Teach Me To:

_____
_____
_____
_____

I'd Like To Pray For:

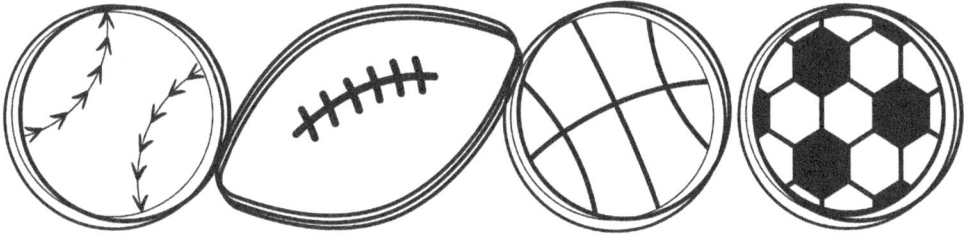

_____   _____
_____   _____
_____   _____
_____   _____
_____   _____
_____   _____

I Am Thankful For:

_____   _____
_____   _____
_____   _____
_____   _____
_____   _____

Today's Verse:

_____
_____
_____
_____

Lord, Teach Me To:

_____
_____
_____
_____

I'd Like To Pray For:

_____ _____
_____ _____
_____ _____
_____ _____
_____ _____
_____ _____

I Am Thankful For:

_____ _____
_____ _____
_____ _____
_____ _____
_____ _____
_____ _____

Date:

Today's Verse:

_____
_____
_____
_____

Lord, Teach Me To:

_____
_____
_____
_____

I'd Like To Pray For:

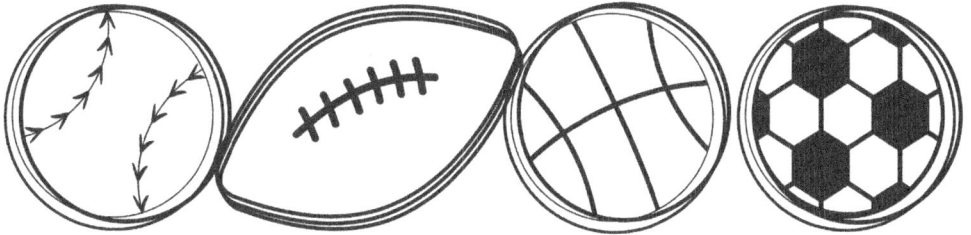

_____   _____
_____   _____
_____   _____
_____   _____
_____   _____
_____   _____

I Am Thankful For:

_____   _____
_____   _____
_____   _____
_____   _____
_____   _____

Date:

Today's Verse:

_____
_____
_____
_____

Lord, Teach Me To:

_____
_____
_____
_____

I'd Like To Pray For:

_____
_____
_____
_____
_____
_____

_____
_____
_____
_____
_____
_____

I Am Thankful For:

_____
_____
_____
_____
_____

_____
_____
_____
_____
_____

Date:

Today's Verse:

_____
_____
_____
_____

Lord, Teach Me To:

_____
_____
_____
_____

I'd Like To Pray For:

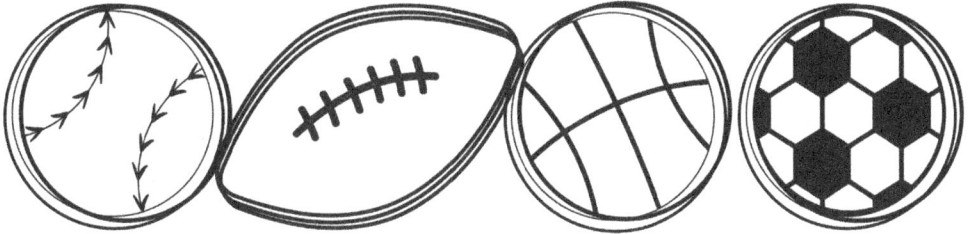

_____   _____
_____   _____
_____   _____
_____   _____
_____   _____
_____   _____

I Am Thankful For:

_____   _____
_____   _____
_____   _____
_____   _____
_____   _____

Date:

Today's Verse:
_____
_____
_____
_____

Lord, Teach Me To:
_____
_____
_____
_____

I'd Like To Pray For:

_____   _____
_____   _____
_____   _____
_____   _____
_____   _____

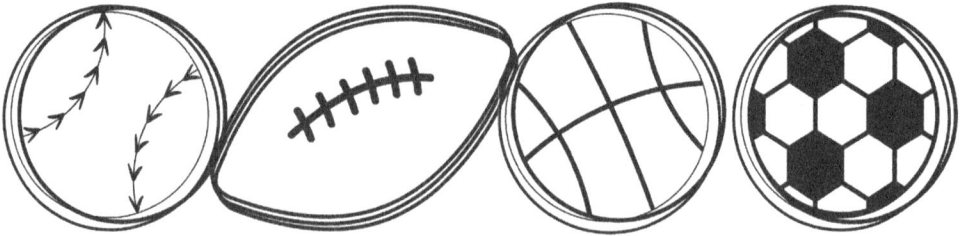

I Am Thankful For:

_____   _____
_____   _____
_____   _____
_____   _____
_____   _____

Today's Verse:

_____
_____
_____
_____

Lord, Teach Me To:

_____
_____
_____
_____

I'd Like To Pray For:

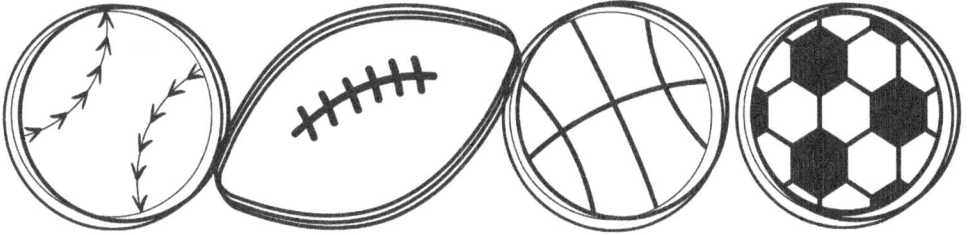

_____   _____
_____   _____
_____   _____
_____   _____
_____   _____

I Am Thankful For:

_____   _____
_____   _____
_____   _____
_____   _____
_____   _____

Date:

Today's Verse:
_____
_____
_____
_____

Lord, Teach Me To:
_____
_____
_____
_____

I'd Like To Pray For:
_____ _____
_____ _____
_____ _____
_____ _____
_____ _____
_____ _____

I Am Thankful For:
_____ _____
_____ _____
_____ _____
_____ _____
_____ _____

Date:

Today's Verse:

_____
_____
_____
_____

Lord, Teach Me To:

_____
_____
_____
_____

I'd Like To Pray For:

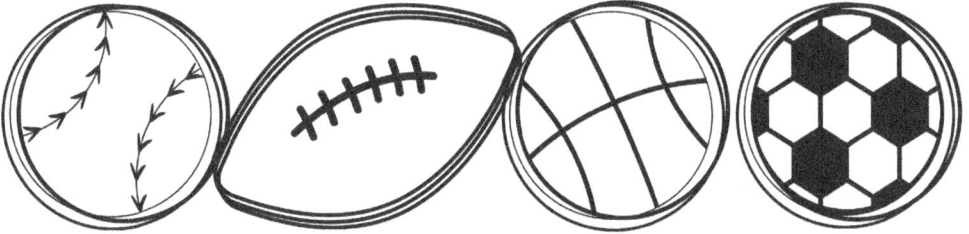

_____   _____
_____   _____
_____   _____
_____   _____
_____   _____
_____   _____

I Am Thankful For:

_____   _____
_____   _____
_____   _____
_____   _____
_____   _____

Date:

Today's Verse:
_____
_____
_____
_____

Lord, Teach Me To:
_____
_____
_____
_____

I'd Like To Pray For:

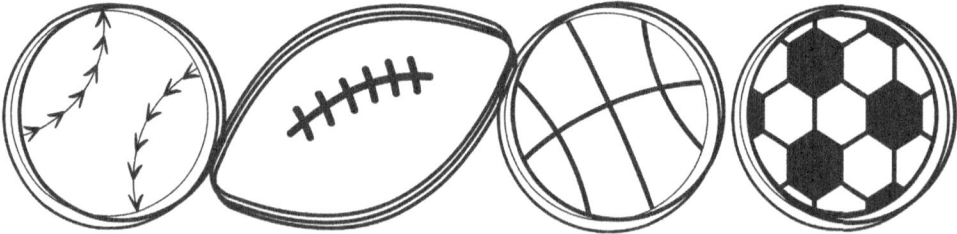

_____   _____
_____   _____
_____   _____
_____   _____
_____   _____
_____   _____

I Am Thankful For:

_____   _____
_____   _____
_____   _____
_____   _____
_____   _____

Date:

Today's Verse:

_____
_____
_____
_____

Lord, Teach Me To:

_____
_____
_____
_____

I'd Like To Pray For:

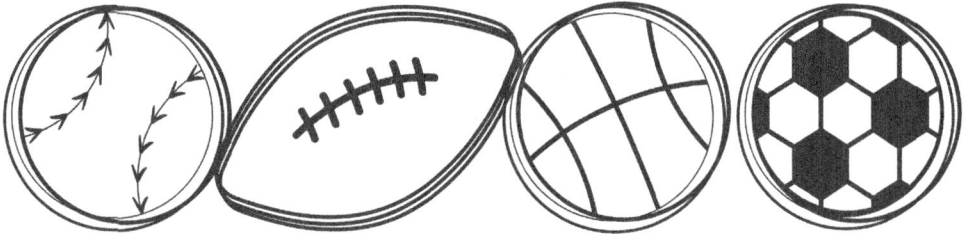

_____   _____
_____   _____
_____   _____
_____   _____
_____   _____

I Am Thankful For:

_____   _____
_____   _____
_____   _____
_____   _____
_____   _____

Date:

Today's Verse:
_____
_____
_____
_____

Lord, Teach Me To:
_____
_____
_____
_____

I'd Like To Pray For:

_____ _____
_____ _____
_____ _____
_____ _____
_____ _____

I Am Thankful For:

_____ _____
_____ _____
_____ _____
_____ _____
_____ _____

Date:

Today's Verse:

_____
_____
_____
_____

Lord, Teach Me To:

_____
_____
_____
_____

I'd Like To Pray For:

_____   _____
_____   _____
_____   _____
_____   _____
_____   _____

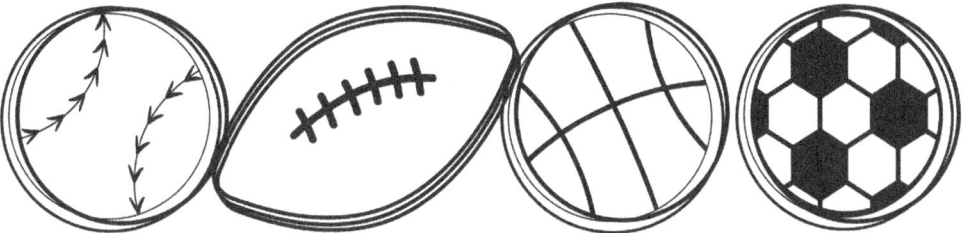

I Am Thankful For:

_____   _____
_____   _____
_____   _____
_____   _____
_____   _____

Date:

Today's Verse:

_____
_____
_____
_____

Lord, Teach Me To:

_____
_____
_____
_____

I'd Like To Pray For:

_____   _____
_____   _____
_____   _____
_____   _____
_____   _____
_____   _____

I Am Thankful For:

_____   _____
_____   _____
_____   _____
_____   _____
_____   _____

Date:

Today's Verse:
_____
_____
_____
_____

Lord, Teach Me To:
_____
_____
_____
_____

I'd Like To Pray For:
_____   _____
_____   _____
_____   _____
_____   _____
_____   _____

I Am Thankful For:
_____   _____
_____   _____
_____   _____
_____   _____
_____   _____

Date:

Today's Verse:
_____
_____
_____
_____

Lord, Teach Me To:
_____
_____
_____
_____

I'd Like To Pray For:

_____   _____
_____   _____
_____   _____
_____   _____
_____   _____
_____   _____

I Am Thankful For:

_____   _____
_____   _____
_____   _____
_____   _____
_____   _____

Date:

Today's Verse:

_____
_____
_____
_____

Lord, Teach Me To:

_____
_____
_____
_____

I'd Like To Pray For:

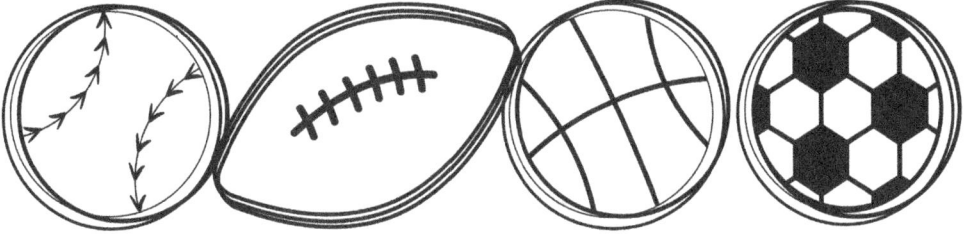

_____   _____
_____   _____
_____   _____
_____   _____
_____   _____
_____   _____

I Am Thankful For:

_____   _____
_____   _____
_____   _____
_____   _____
_____   _____

Date:

Today's Verse:

_____
_____
_____
_____

Lord, Teach Me To:

_____
_____
_____
_____

I'd Like To Pray For:

_____   _____
_____   _____
_____   _____
_____   _____
_____   _____

I Am Thankful For:

_____   _____
_____   _____
_____   _____
_____   _____
_____   _____

Made in the USA
Middletown, DE
26 July 2025